SAVOIR RÉDIGER VOS E-MAILS PROFESSIONNELS

Aline NISHIMATA

en poche

8e édition

Tout ce qu'il faut savoir pour bien rédiger vos e-mails professionnels

W0405454

Gualino
un savoir-faire de Lextenso

Du même auteur, dans la même collection :

- 100 e-mails professionnels pour bien communiquer
- Savoir rédiger vos e-mails professionnels
- Orthographe (en coll. R. Kadyss)
- Vocabulaire

Aline Nishimata est Professeur des grandes écoles et experte en communication auprès du magazine *Dynamique entrepreneuriale*.

Suivez-nous sur **www.gualino.fr**

Contactez-nous **gualino@lextenso.fr**

1, Parvis de La Défense
92044 Paris La Défense Cedex
978-2-297-13500-9
ISSN 1962-6428

Sommaire

1 La présentation de l'e-mail

La diffusion d'un e-mail se caractérise par son extraordinaire simplicité, sa rapidité et son efficacité. Que vous vous en serviez dans le cadre d'une utilisation familiale, amicale ou professionnelle, vous pouvez adresser en un clic votre e-mail à un ou plusieurs destinataires parfois même avec une certaine confidentialité à l'égard de certains destinataires. La copie d'écran ci-dessous présente les fonctionnalités classiques d'une messagerie.

L'émetteur de l'e-mail et les paramètres essentiels

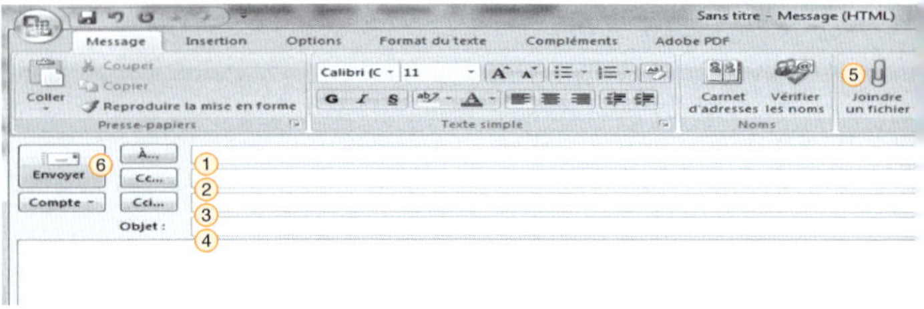

1. Le ou les destinataires
2. Les personnes en copie
3. Les personnes en copie cachée
4. L'objet de l'e-mail
5. Les pièces jointes éventuelles
6. « Envoyer »

Le récepteur ou le destinataire de l'e-mail et les paramètres essentiels

De : ① Bernard Coltre <bcoltre@orange.fr>
Objet : ② E-mails professionnels
Date : ③ 15 septembre 2015 11:10:07 HAEC
À : ④ ADEC <demelle.bc@orange.fr>
⑤ 1 pièce jointe, 768 Ko

1. L'émetteur
2. L'objet de l'e-mail
3. La date et l'heure
4. Le ou les destinataires
5. Les pièces jointes

Le champ À : le ou les destinataires

Dans le champ ***À*** (en anglais ***To***) figure l'adresse e-mail du destinataire susceptible de vous répondre.

Vous pouvez faire figurer plusieurs destinataires dans ce champ si vous souhaitez qu'ils apportent également une réponse.

La liste des destinataires créée afin de gagner du temps dans l'envoi d'une information à un service, un groupe... demande d'adopter une attitude réfléchie. En effet, vous devez si vous utilisez ce mode de diffusion et de communication créer des listes pertinentes.

Par exemple :

- Le comité de direction
- L'ensemble du personnel
- L'ensemble des *business angels*

Indiquez tous les destinataires usuels en cas de diffusion d'une information, par exemple : *Assemblée générale...*

Ces listes de diffusion vous permettront de n'oublier aucun destinataire si vous devez envoyer un e-mail en urgence. Vous devrez cependant les mettre à jour régulièrement afin d'ajouter les nouvelles personnes ou supprimer celles qui ne font plus partie de la liste.

Le champ Cc : les copies

Le champ ***Cc (Copie carbone)*** permet de mettre en copie les destinataires qui ont besoin d'avoir l'information : supérieurs hiérarchiques, personnel d'un service...

Ces derniers ne sont pas tous censés, en règle générale, répondre à l'e-mail mais seulement en prendre connaissance.

Le champ Cci : les copies cachées

Vous pouvez envoyer un e-mail à un grand nombre de destinataires tout en masquant à chacun d'entre eux le nom des autres destinataires.

Le champ ***Cci (Copie carbone invisible)*** permet de respecter la vie privée de vos contacts c'est-à-dire de ne pas diffuser leurs adresses e-mails sans leur consentement.

Quels sont les risques d'utiliser le champ *Cc* au lieu du champ *Cci* ?

Tous les noms des destinataires seront affichés. Dès lors, n'importe quel destinataire pourra récupérer l'adresse des autres destinataires sans leur autorisation.

En effet, si l'un des destinataires est un spammeur, il n'hésitera sans doute pas à utiliser toutes les adresses à des fins qui pourraient se révéler nuisibles à vos destinataires autant qu'à vous-même.

Comment faire pour protéger vos destinataires des spams ?

Ne saisissez pas la liste de vos destinataires dans les champs suivants :

- champ ***À*** (en anglais *To*) ;
- champ ***Cc*** (*Copie carbone*)

mais saisissez-la dans le champ ***Cci*** (*Copie carbone invisible*, appelée également « copie cachée ») intitulé en anglais ***Bcc*** (***Blind carbon copy***).

Le champ Objet

Le nombre d'e-mails reçus est en constante progression. Ainsi, vo destinataires effectuent un tri lors de leur réception.

L'*Objet* permet de *saisir l'importance* de l'information contenue dan l'e-mail afin qu'il soit lu *immédiatement* et que la personne puisse ré pondre et mener au plus vite l'action que l'on attend d'elle.

La rédaction du champ ***Objet*** doit donc retenir particulièrement votr attention.

Observez 5 règles pour rédiger l'objet

Règle 1 : l'objet doit toujours être rempli

Si votre *Objet* n'est pas explicite, votre destinataire aura tendance lire votre e-mail en dernier.

Dans le cas où vous adressez plusieurs e-mails dans une mêm journée et au même interlocuteur, c'est l'objet et donc la nouveauté d l'information qui s'affiche dans le champ *Objet* qui le conduira soit à lire, soit à ne pas le lire.

Règle 2 : l'objet doit comporter une information précise

Dans ce champ, on retrouve très souvent les mots suivants :

informations, messages, nouvelles, commande, facture...

Ils nécessitent des précisions indispensables pour retenir l'attentior de votre destinataire.

Comment améliorer la rédaction du champ *Objet* ?

Pour rédiger un objet qui retient l'attention de votre destinataire, u lisez les techniques journalistiques et posez-vous les questions cle suivantes :

- De quoi s'agit-il ?
- Quand ?
- Pour qui ?
- Sur quoi ?

▶ **De quoi s'agit-il ?**

Assemblée générale

Vous attirerez l'attention de votre interlocuteur en apportant des précisior complémentaires.

▶ **Quand ?**

Assemblée générale du jeudi 29 novembre

▶ **Pour qui ?** Des professeurs, des administratifs, des commerciaux ou d l'ensemble du personnel ?

Assemblée générale du jeudi 29 novembre de l'ensemble du personnel

▶ **Sur quoi ?** La retraite

Assemblée générale du jeudi 29 novembre de l'ensemble du personnel s la retraite

Il arrive cependant que la culture d'entreprise ou les informations diffusées antérieurement font que le lecteur, en lisant les mots *Assemblée générale*, décode les informations implicites car cette assemblée a lieu deux fois par an, se situe toujours dans le même lieu et s'adresse toujours à l'ensemble du personnel. L'objet peut être, dans ce cas, plus direct :

Assemblée générale du 29 novembre

⚠ Si, dans l'objet de votre e-mail, vous utilisez un terme trop général comme, par exemple, le mot « *concours* » ainsi que l'abondance de majuscules ou de !!!!!, votre e-mail a de fortes chances d'arriver dans la boîte des spams ou dans le courrier indésirable. L'utilisation des questions-clefs vous permet d'apporter les précisions indispensables à la communication des informations que vous souhaitez transmettre. Dans le cas d'un e-mailing, le choix des mots est crucial : l'ouverture de l'e-mail et le taux de clics peut augmenter de façon considérable. Ainsi, des mots généralistes tels que *« Communiqué sur la vente des billets »* ne suscitera guère les clics alors que les mots *« C'est parti, réservez vos billets »* incitent à cliquer.

Règle 3 : supprimer les mots superflus (articles, prépositions, adverbes...)

En effet, ils ne sont pas utiles à compréhension de l'objet.

par exemple supprimer :

Assemblée générale ***du*** *jeudi 29 novembre* ***de l'*** *ensemble* ***du*** *personnel :* ***sur la*** *retraite*

Assemblée générale jeudi 29 novembre ensemble du personnel : retraite

Règle 4 : l'objet ne doit pas garder l'objet de l'émetteur

Lorsque vous utilisez la fonction « répondre » l'objet du message est transformé car il reçoit automatiquement le préfixe « RE : ». Si vous laissez l'objet tel quel, au bout de trois échanges de réponses en allers/retours les e-mails seront précédés de « RE: re: re: ».

Dans ce champ, ne reprenez pas l'objet de l'émetteur :

RE : mémoire

Si vous avez envoyé par e-mail plusieurs versions du *Mémoire* que vous êtes en train de rédiger, il est important pour votre destinataire d'en suivre la chronologie. À cet effet, numérotez-les et, si nécessaire, ajoutez-y l'heure et la date :

Mémoire : version 1
Mémoire : version 2
Mémoire : version finale

Certains e-mails seront traités une semaine voire deux semaines plus tard par le destinataire, il est donc nécessaire qu'il puisse retrouver l'e-mail le plus récent grâce à la date insérée dans l'objet. Il lui sera peut-être même nécessaire de regarder une version antérieure pour émettre des comparaisons et donc des commentaires.

Règle 5 : le critère d'importance de diffusion des messages

Vous pouvez définir le critère d'importance de vos e-mails pour ind quer si vous souhaitez que vos messages soient lus en priorité pa le destinataire. Vous pouvez le signaler à l'aide des formules « trè urgent », « très important », « ultra important » ou des indicateur visuels :

Importance haute !

Importance faible ⬇

Ceux-ci apparaîtront dans la boîte de réception du destinataire.

Si vous les utilisez pour tous vos messages, ils seront banalisés et n seront plus le signe d'une priorité. Ils ont pour conséquence d'agace le destinataire, souvent submergé par ce genre d'alertes.

Les pièces jointes

Les pièces jointes sont des documents annexés à l'e-mail.

Elles sont indispensables pour joindre, par exemple : un texte, un documentation, un bon de commande, une facture, un contrat, un photo…

Attention à la taille de vos pièces jointes. Bien que la plupart de messageries acceptent des tailles de documents importante (environ 10 Mo pour la plupart), un trop grand nombre de pièce jointes peut ralentir considérablement l'émission de vos message ou même saturer la messagerie de votre destinataire (la messa gerie peut mettre automatiquement le message dans le courrie indésirable, voire le refuser). Les images sont plus lourdes que le fichiers textes. Vous avez la possibilité, avec certains logiciels, d regrouper et compresser plusieurs images dans un seul dossier

Des logiciels gratuits comme *Adobe Reader*[1] vous permettron de convertir des fichiers Word ou Excel au format PDF[2] lisible pa tous (mais non modifiable).

Des services comme *WeTransfer* ou *Dropbox* vous permetten d'envoyer des documents, des photos sans limite de taille et e toute sécurité.

Répondre ou Répondre à tous

Il est possible de répondre en une seule fois à l'émetteur et à l'en semble des destinataires du message. C'est particulièrement util quand les destinataires font partie d'un même groupe de travail qui or besoin d'être informés en même temps.

Lorsque vous répondez à un e-mail envoyé à plusieurs destinataire faites la différence entre *Répondre* et *Répondre à tous*.

(1) Format le plus couramment utilisé dans les administrations, les écoles…

(2) Téléchargement gratuit sur le site : *www.adobe.com/fr/products/reader.html*

Ne répondez pas à tous les destinataires pour la simple confirmation d'une présence à une réunion. Répondez seulement à la personne qui vous a adressé l'e-mail.

Lorsque le message est adressé en copie cachée, si le destinataire utilise la fonction « *Répondre à tous* », il dévoile alors à tous les destinataires qu'il y a un destinataire « *caché* », ce qui risque de nuire à l'émetteur du message.

⚠ Utilisez toujours cette fonction à bon escient.

Répondre avec l'historique

Pour permettre une meilleure compréhension de l'état actuel de votre correspondance, vous pouvez inclure l'historique de tous les échanges : utilisez la fonction « *Répondre avec historique* » (cette option est souvent automatique).

Pour des réponses à des e-mails très longs, il est possible :

- ***d'apporter des réponses*** à l'intérieur même du corps du message ;
- ***d'insérer vos initiales*** et le choix du caractère d'annotation : votre texte figurera ainsi après chaque paragraphe que vous souhaitez commenter ou auquel vous voulez apporter une réponse.

Pour les logiciels qui supportent le format « html », il est possible de choisir une couleur de texte différente de celle de l'émetteur.

⚠ Prenez soin de la planète : n'imprimez vos e-mails que si c'est vraiment nécessaire et limitez l'impression à la partie du mail utile. Intégrez dans votre signature électronique un message du type « Adoptez l'éco-attitude ! N'imprimez cet e-mail que si c'est nécessaire ».

Transférer un e-mail

Vous pouvez transférer un e-mail à d'autres personnes sans que l'émetteur du message le sache. En principe les pièces jointes sont transférées avec le message quand on utilise la fonction « *Transférer* » (*Forward*).

L'objet du message est transformé et précédé de « TR : » ou « FWD ».

Vous pouvez, si vous le souhaitez, modifier l'objet de l'e-mail.

À chaque transfert, la liste des différents destinataires apparaîtra dans le corps de l'e-mail diffusant ainsi leur adresse à un nombre croissant de personnes. On parle alors d'effet « *boule de neige* ».

L'ACCUSÉ DE RÉCEPTION

Vous pouvez demander un accusé de réception à l'affichage du message sur l'écran du destinataire.

Tous les logiciels de messagerie ne déclenchent pas automatiquement un message d'accusé de réception, il faut donc activer cette option.

Cependant, vous pouvez prendre connaissance du message sans déclencher l'envoi de l'accusé de réception en utilisant la prévisualisation du message en aperçu ou en imprimant le message sans l'ouvrir.

2 L'E-MAIL EN PRATIQUE

Nous sommes submergés par les e-mails, envoyés à toute heure. Selon une étude réalisée par Mindjet, 61 % des salariés ayant accès à leurs mails en dehors de l'entreprise les consultent le soir, ils sont 47 % à les consulter le week-end et 43 % en vacances. 52 % de ces salariés considèrent la consultation de ces e-mails comme source de stress. Alors, il est absolument nécessaire d'organiser la consultation des e-mails mais aussi leur délai de réponse afin de ne pas faire de burn-out.

RÉFLÉCHIR AVANT D'ENVOYER UN E-MAIL

Il faut faire particulièrement attention à ne pas s'enflammer dans la rédaction et l'expédition d'un e-mail.

L'e-mail n'est pas le media idéal pour régler un problème relationnel car on perçoit difficilement le ton qu'utilise l'émetteur.

Certains e-mails professionnels demandent parfois un temps de réflexion afin de peaufiner une réponse adéquate.

Le destinataire aura le pouvoir de transférer un message sans que l'émetteur le sache. Il arrive que certains e-mails « *fassent le tour* » d'une entreprise et nuisent de façon irréversible à l'image de l'émetteur. On voit malheureusement ainsi circuler des e-mails, reflets de l'émotion et de la colère. Les paroles s'envolent mais les e-mails sont des écrits qui restent. Soyez prudent !

PRÉCAUTIONS À PRENDRE DANS L'ENVOI D'UN E-MAIL

Éviter les abréviations

Si nous avons l'habitude de les utiliser pour un SMS (ou texto), il faut les proscrire dans les e-mails :

Rdv, ns, vs, cdt, bjr, qqch, cad… et bien d'autres.

Elles sont le reflet certes d'une vie à cent à l'heure mais elles ne sont guère respectueuses des destinataires.

Utiliser à bon escient le vocabulaire

Trop d'e-mails de réclamation, entre autres, contiennent des mots qui expriment la colère, les sentiments qui n'ont pas leur place dans un contexte professionnel.

Évitez d'écrire pour évoquer un retard de livraison :
Nous sommes victimes…
Nous sommes déçus de votre retard de livraison…
Je prendrai les sanctions qui s'imposent…
Les conséquences néfastes…

Éviter le langage familier

Ne commencez pas un e-mail ou ne mettez pas en objet des expressions familières telles que : *Coucou*, *C'est moi*, *Encore moi*.

Contrôler l'orthographe de l'e-mail

Par principe, relisez votre e-mail avant d'appuyer sur la touche « Envoyer ». Ainsi, vous éviterez des fautes qui nuisent à la qualité de la transmission du message.

Certains logiciels ou sites disposent d'un vérificateur orthographique qui compare les mots du message à un dictionnaire permettant de retrouver surtout les fautes de frappe, les coquilles...

Si vous avez des difficultés en orthographe, il est préférable de taper le corps du texte dans un logiciel de traitement de texte (par exemple Word) qui possède un vérificateur orthographique et grammatical capable de détecter les fautes mais aussi de proposer des solutions d'accords grammaticaux. Vous copierez et collerez ensuite le texte dans le corps de l'e-mail.

Certaines fautes d'orthographe font dresser les cheveux sur la tête de vos destinataires. Il est pourtant facile d'éliminer ces 100 fautes d'orthographe qui exaspèrent certains. Inutile de vous cacher derrière, « je l'ai écrit rapidement », « c'est à cause des sms »...

Les 10 fautes de verbes courants

1. Je me permet	→	Je me permets
2. Je vous joints	→	Je vous joins
3. Je garanti	→	Je garantis
4. J'envoies	→	J'envoie
5. Je résout, il résout	→	Je résous, il résoud
6. Je craints	→	Je crains
7. Il exclue	→	Il exclut
8. Il convaint	→	Il convainc
9. J'appele, nous appellons	→	J'appelle, nous appelons
10. Je rejete, nous rejettons	→	Je rejette, nous rejetons

Les accords essentiels des participes passés

• L'accord des participes passés avec avoir (règle générale 90 % des cas d'accord)

Le participe passé employé avec l'auxiliaire avoir s'accorde en genre (masculin ou féminin) et en nombre (singulier ou pluriel) avec le complément d'objet direct (COD) si celui-ci est placé avant lui.

• L'accord des participes passés avec être (règle générale 90 % des cas d'accord)

Le participe passé employé avec l'auxiliaire être s'accorde en genre (masculin ou féminin) et en nombre (singulier ou pluriel) avec le sujet (placé avant ou après le participe passé).

• Ont été + un verbe en er → écrivez ont été + é + accord avec le suje
qui répond à la question « qui est-ce qui ? ».

• Quand deux verbes se suivent (en dehors d'avoir, être et quelques verbe d'état), le deuxième verbe se met à l'infinitif.

• Les terminaisons des participes passés que l'on rencontre quotidienne ment : *admis, conclu, construit, déduit, exclu, joint, introduit, mis, omis, pe mis, prévu, réduit, rejoint.*

■ Les 30 confusions verbe et nom

un accueil	→	il accueille	un exil	→	il exile
un appel	→	il appelle	un maintien	→	il maintient
un appui	→	il appuie	un oubli	→	il oublie
un attribut	→	il attribue	un pari	→	il parie
un concours	→	il concourt	un pronostic	→	il pronostique
un conseil	→	il conseille	un recours	→	il recourt
un défi	→	il défie	un recul	→	il recule
un délai	→	il délaie	un signal	→	il signale
un détail	→	il détaille	un souci	→	il se soucie
un diagnostic	→	il diagnostique	un soutien	→	il soutient
un discours	→	il discourt	un statut	→	il statue
un emploi	→	il emploie	un substitut	→	il substitue
un entretien	→	il entretient	un trafic	→	il trafique
un envoi	→	il envoie	un travail	→	il travaille
un essai	→	il essaie	un vol	→	il vole

■ Les 20 mots toujours avec un « s » au singulier comme au pluriel

Ailleurs, aux dépens de, certes, coloris, compromis, croquis, dehors en suspens, gâchis, héros, hormis, logis, lors, permis, plusieurs, pré vis, recours, relais, toujours, volontiers

■ Les 8 mots jamais avec un « s » (au singulier bien sûr)

Un abri, un délai, un écho, un exclu, malgré, parmi, un remblai, u souci

■ Les 16 mots inséparables du « y »

Un anonyme, un cataclysme, un cyclone, une hypothèque, un hémicycl une hypothèse, l'hygiène, un misogyne, le paroxysme, un patronyme, u presbyte, le prosélytisme, un prototype, un pseudonyme, un symptôme, u synonyme

■ Les 8 mots inséparables du « h »

Une adhésion, l'appréhension, la cohabitation, la cohérence, l'éthiqu exhaustif, pléthore, rédhibitoire

■ Les 14 mots inséparables du « e »

Dénouement, dénuement, dévouement, déploiement, engouemen enrouement, gaiement, licenciement, non-paiement, paiement, reme ciement, reniement, tutoiement, vouvoiement

Les 7 traits d'union

Au-dessous de, au-dessus de, au-devant de, c'est-à-dire, ci-contre, par-dessous, par-dessus, peut-être (à ne pas confondre avec « il peut être »)

Les 10 mots à l'écriture subtile

Un acompte, un concurrent, confidentiel, développer, un dilemme, en définitive, intéressant, intéresser, intérêt, rémunérer

Les 10 mots complexes qui multiplient les difficultés pour mieux installer les fautes dans vos écrits

À bon escient, distinct, fascicule, scinder, scission, succinct, susciter, susceptible, un plébiscite, un schéma

Les 12 mots masculins qu'on prend pour le féminin

Un alvéole, un antidote, un aparté, un armistice, un astérisque, un augure, un éloge, un en-tête, un interstice, un intervalle, un paraphe, un trophée

Les 16 mots féminins que l'on peut confondre avec le masculin

Une agrafe, une anagramme, une autoroute, une avant-garde, une échappatoire, une égérie, une enzyme, une éphéméride, une équivoque, une HLM, une météorite, une oasis, une orthographe, une sentinelle, une tique, une volte-face

Soyez attentif aux confusions grammaticales les plus courantes[1]

a/à, auquel/auxquels/auxquelles, ce/cette/cet, ce/se, c'est/s'est/sait, ces/ses, dans/d'en, est/et, là/la/l'a, leur/leurs, même/mêmes, ni/n'y, on/on n', on/ont, ou/où, peu/peux/peut, plutôt/plus tôt, près de/prêt(e) à, quand/quant/qu'en, quel(s) que, quelle(s) que/quelque(s)... que, quelque/quelque(s), quoi que/quoique, s'en/c'en/sans, si/s'il/s'y/ci, sont/son, tout/tous/toute/toutes

Vérifier l'e-mail avant de l'envoyer : 7 points

Avant d'appuyer sur la touche « *Envoyer* », vérifier les 7 points suivants :

1. le texte de l'e-mail
2. la qualité de l'objet
3. la présence des éventuelles pièces jointes souhaitées
4. les destinataires
5. l'orthographe
6. le vocabulaire
7. les abréviations

Quand le message est réellement prêt, cliquez alors sur « Envoyer ».

(1) Pour plus de précisions sur les confusions grammaticales, voir chez le même éditeur, dans la même collection *Orthographe*.

3 LE PLAN DE L'E-MAIL

L'e-mail professionnel présente une construction simple car son objec tif est d'aller à l'essentiel. Cependant, on distingue :

- ***l'e-mail court*** : il ne demande pas de développement car c'es une réponse à une demande (par exemple : une demande de documentation) ;
- ***l'e-mail en forme de lettre*** : il développe une situation complexe qui nécessite une explication, une justification.

COMMENT STRUCTURER VOTRE E-MAIL ?

Pour bien structurer votre e-mail, posez-vous à chaque étape de sa rédaction, les questions suivantes :

Étapes	E-mail court	E-mail en forme de lettre
Appellation **Fiche 4**	À qui je m'adresse ?	
Introduction **Fiche 4**	***Le présent*** : De quoi s'agit-il ?	***Le rappel du passé*** : Que s'est-il passé avant cet e-mail ? *Le présent :* De quoi s'agit-il ?
Développement **Fiche 5**	***Quel est l'objectif de mon e-mail ?*** 1. Qu'est-ce que je propose ? 2. Qu'est-ce que j'accepte ? 3. Qu'est-ce que je refuse ? 4. Qu'est-ce que je demande ou rappelle ? 5. Qu'est-ce que je fais comme concession ?	
Conclusion **Fiche 6**	Qu'est-ce que je souhaite transmettre à mon destinataire ?	
Formules de politesse **Fiche 7**	Quelle est la formule de politesse la mieux adaptée à cet e-mail ?	

STRUCTURER UN E-MAIL COURT

E-mail court : 4 étapes

① **L'appellation** : elle désigne le ou les destinataires.

② **L'introduction** : elle est inexistante. Le développement est immédiatement traité.

③ **La conclusion** : elle montre l'intérêt de l'émetteur envers le destinataire.

④ **La formule de politesse** : elle applique le code de politesse.

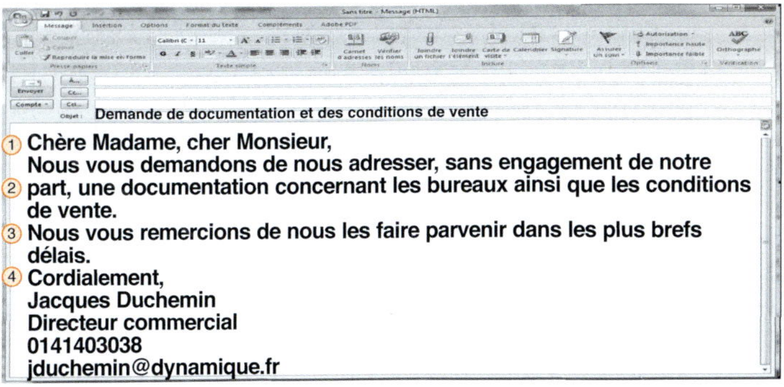

Objet : Demande de documentation et des conditions de vente

① Chère Madame, cher Monsieur,

② Nous vous demandons de nous adresser, sans engagement de notre part, une documentation concernant les bureaux ainsi que les conditions de vente.

③ Nous vous remercions de nous les faire parvenir dans les plus brefs délais.

④ Cordialement,
Jacques Duchemin
Directeur commercial
0141403038
jduchemin@dynamique.fr

STRUCTURER UN E-MAIL EN FORME DE LETTRE

E-mail en forme de lettre : 5 étapes

① **L'appellation** : elle désigne le ou les destinataires.

② **L'introduction** : elle rappelle le ou les e-mails précédents.

③ **Le développement** : il présente l'objectif de l'e-mail.

④ **La conclusion** : elle montre l'intérêt de l'émetteur envers le destinataire.

⑤ **La formule de politesse** : elle applique le code de politesse.

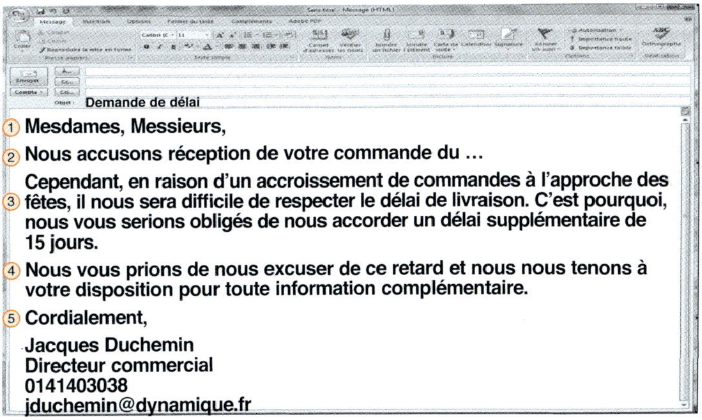

Objet : Demande de délai

① Mesdames, Messieurs,

② Nous accusons réception de votre commande du …

③ Cependant, en raison d'un accroissement de commandes à l'approche des fêtes, il nous sera difficile de respecter le délai de livraison. C'est pourquoi, nous vous serions obligés de nous accorder un délai supplémentaire de 15 jours.

④ Nous vous prions de nous excuser de ce retard et nous nous tenons à votre disposition pour toute information complémentaire.

⑤ Cordialement,

Jacques Duchemin
Directeur commercial
0141403038
jduchemin@dynamique.fr

4 L'INTRODUCTION

Comme pour une lettre traditionnelle, l'introduction se doit d'être courtoise ; elle tient compte de la qualité du destinataire et exprime avec clarté et sobriété le motif de l'e-mail.
L'introduction peut prendre deux formes selon qu'il s'agit d'un e-mail de premier contact ou d'un e-mail de réponse :

→ **un e-mail de demande ou de proposition (premier contact)**

Dans ce cas, l'émetteur ne peut se référer à aucune correspondance. Il doit exprimer dans l'introduction le(s) motif(s), les faits qui permettront au destinataire de comprendre, dès la première ligne, le but de l'e-mail.

Spécialistes informatiques, nous vous adressons notre catalogue en pièce jointe.

→ **un e-mail de réponse ou d'accusé réception**

Dans ce cas, l'émetteur fait référence dans l'introduction soit à un document, soit à un entretien téléphonique, soit à une correspondance antérieure... Il permet au destinataire, par exemple, de retrouver la chronologie d'un dossier.
Nous vous expédions, dès ce jour, par chronopost n° ... les articles.

L'APPELLATION

Bonjour, *Bonjour Madame,* *Bonjour Messieurs,* *Bonjour Madame Nicollet,*	*Bonjour Monsieur Braun,* *Cher Monsieur,* *Chère Madame,* *Monsieur le directeur,*

L'appellation dans l'e-mail rejoint les habitudes des lettres anglo-saxonnes. Cependant, si vous vous adressez à un étranger, il vaut mieux écrire :

Cher Monsieur Hiroya,	*Chère Madame Nishimata,*

et y adjoindre le titre de votre destinataire, précédé de l'appellation (Cher, Chère) :

Cher Professeur Hiroya,	*Cher Directeur Payet,*

L'appellation dans le cadre d'une entreprise en réseau

De nombreuses entreprises travaillent en réseau. Certaines personnes s'adressent, au cours d'une journée, de nombreux e-mails. Le premier e-mail doit comporter une appellation (*Bonjour, Bonjour Jacques...*) et les suivants peuvent ne plus en comporter. Toutefois, par courtoisie, on peut écrire le prénom suivi d'une virgule (*Anne,*).

L'appellation avec des fournisseurs ou des clients

Si vous êtes en contact plusieurs fois par jour avec un fournisseur ou un client, vous pouvez supprimer l'appellation. Le plus simple est de s'adapter à la manière de procéder de votre destinataire.

LES 8 SITUATIONS DE COMMUNICATION DE L'INTRODUCTION

① **Accuser réception**	Nous avons bien reçu votre documentation dont nous vous remercions.
② **Informer**	Nous vous informons que notre société sera présente sur le salon de l'Entrepreneuriat.
③ **Demander**	Nous vous saurions gré de nous expédier la commande suivante…
④ **Accepter**	Il nous est agréable de vous annoncer que nous donnons une suite favorable à votre demande.
⑤ **Rappeler**	Nous sommes étonnés de n'avoir pas reçu le règlement de notre facture.
⑥ **Confirmer**	Nous vous confirmons notre rencontre du…
⑦ **Proposer**	Je me permets de vous proposer ma candidature pour le poste de…
⑧ **Refuser**	Nous avons le regret de vous informer qu'il ne nous est pas possible de vous accorder un report d'échéance.

Situation de communication : accuser réception

Nous avons bien reçu
Nous accusons réception de

→ votre catalogue
votre demande de documentation
votre commande du …
votre livraison relative à …
votre devis
votre facture n° … relative à votre livraison du …

→ et nous vous remercions.
dont nous vous remercions.

Nous avons bien reçu
Nous accusons réception de

→ votre e-mail de réclamation
votre proposition de passage en télétravail
votre demande de formation

→ qui a retenu toute notre attention.
qui a fait l'objet de toute notre attention.

Votre e-mail du …
concernant …
relatif à …
se rapportant à …
a retenu toute notre attention.

À la suite de notre conversation téléphonique, nous vous adressons
notre catalogue.
une documentation relative à …
un devis relatif à …
un avenant à votre contrat de travail.

Situation de communication : informer

D'un retard de livraison

Nous avons le regret de vous informer
Nous sommes au regret de vous informer
que nous ne pouvons pas vous livrer ces articles à la date prévue.
qu'il ne nous est pas possible d'expédier la marchandise à la date fixée.

D'une erreur de paiement

Nous sommes au regret de vous informer que votre règlement ne correspond pas au net à payer de la facture n° …

De la résiliation d'un contrat

Nous vous prions de noter la résiliation de ce contrat et ce à dater du …

Conformément à l'article … du contrat nous vous informons que nous mettons un terme
à la police n° …
au contrat n° … en cours.

De l'impossibilité de respecter les engagements pris

Nous vous prions de noter la résiliation de ce contrat et ce à dater du …

Conformément à l'article … du contrat nous vous informons que nous mettons un terme
à la police n° …
au contrat n° … en cours.

De la mise en place de nouvelles procédures, d'une nouvelle organisation

Nous vous prions de noter que de nouvelles procédures vont être mises en place à la suite des recommandations du gouvernement à compter du…

Nous vous informons de la mise en place du télétravail selon le rythme suivant…

Compte tenu de l'obligation de dématérialiser les documents, nous organiserons une information pour tous les services.

De l'intention de procéder à un licenciement

Nous vous confirmons les termes de notre entretien du ..., et vous signifions que nous avons décidé de mettre fin à votre contrat de travail à compter du ...

Nous regrettons d'être contraints de
→ cesser notre collaboration à compter du ...
vous confirmer les termes de notre entretien du ...

Situation de communication : demander

Une modification du contrat d'assurance

Nous souhaitons souscrire une assurance pour
→ cet entrepôt
ces marchandises
ces personnes
→ à partir du ...

Des renseignements, un catalogue, un tarif, un devis

Nous vous demandons de nous envoyer
Nous vous serions reconnaissants de nous adresser
→ sans engagement de notre part
→ votre catalogue.
vos prix et conditions de livraison.
vos conditions à l'exportation.
une documentation de vos articles ainsi que vos conditions de vente.

La commande

Nous vous prions de
→ nous fournir les articles ci-dessous : ...
nous livrer les articles ci-après : ...
nous adresser les produits aux conditions convenues.

Nous souhaitons vous passer
Nous avons le plaisir de vous transmettre
→ la commande dont vous trouverez le détail en pièce jointe.
la commande suivante à titre d'essai.
une commande aux conditions habituelles.

Une demande de télétravail ou de formation

Je vous sollicite pour effectuer mon travail en télétravail
Je vous sollicite pour une demande de formation
→ afin de développer mes compétences en...
afin de pouvoir utiliser le nouveau logiciel...
afin de pouvoir répondre aux dernières évolutions technologiques.

Situation de communication : accepter

Une demande d'un client ou d'un salarié

Nous avons le plaisir de vous informer que nous sommes en mesure de répondre favorablement à votre demande.

Nous sommes disposés à vous accorder
→ le mode de paiement que vous proposez.
les conditions exceptionnelles que vous souhaitez.
le délai de paiement que vous sollicitez.

Conformément à votre demande, nous vous consentons
→ un paiement sous … jours.
un règlement par traite.

L'acceptation de télétravail ou de formation

À la suite de votre demande de télétravail, nous l'acceptons
→ aux conditions suivantes…

Nous avons le plaisir de vous informer
→ que nous sommes en mesure de répondre favorablement à votre demande.

Nous avons le plaisir de vous informer
→ que vous pourrez bénéficier de la formation que vous avez sollicitée.

Une candidature

À la suite de notre entretien du … nous avons le plaisir de vous informer que nous avons retenu votre candidature pour le poste de …

Nous avons le plaisir de vous informer
→ que nous avons retenu votre candidature pour le poste de …
de votre engagement dans notre société en qualité de …

Situation de communication : rappeler

Des e-mails précédents restés sans réponse

Nous sommes surpris que vous n'ayez donné aucune suite à notre réclamation du …

Nous vous rappelons que
→ nos deux e-mails du … et du … sont restés sans réponse.
notre réclamation du … est restée sans réponse.

Malgré nos deux rappels du … et du …
Malgré nos deux précédents e-mails de rappel
→ vous ne vous êtes pas acquitté du montant de notre facture n° …

En procédant à la vérification de nos écritures,

→ nous constatons que votre compte reste débiteur de la somme de … €.
nous sommes étonnés que vous n'ayez pas donné suite à notre e-mail du …

Situation de communication : confirmer

L'envoi d'un catalogue, d'une documentation

Nous vous adressons,
Nous vous envoyons,
Nous vous expédions,
Nous vous remettons,

→ en pièce jointe,

→ le catalogue ainsi que le prix de nos fabrications.
une documentation sur nos produits.
les conditions de vente de nos articles.

L'expédition d'une commande

En réponse à votre e-mail du …

→ nous vous envoyons
nous vous expédions
nous vous adressons

→ ces articles
la marchandise, les produits
votre commande

→ dans les meilleurs délais.
dans les plus brefs délais.

Le règlement

Nous vous adressons,
Nous vous envoyons,
Nous vous expédions,
Veuillez trouver,

→ en pièce jointe,

→ la facture n° … qui s'élève à … €.
une lettre de change n° … de … € venant à échéance le …
le relevé de votre compte n° … arrêté au …
le règlement de la facture n° …
le solde de la facture n° …

La mise en place du télétravail

Nous vous confirmons que dès le…, nous mettons en place le télétravail selon le rythme suivant…

Nous vous confirmons vos horaires de télétravail à partir du…

Nous vous informons que le télétravail se déroulera selon les procédures suivantes :

Situation de communication : proposer

J'ai lu avec intérêt votre annonce, parue dans le … du … par laquelle vous proposez un emploi de …

Sans connaître vos besoins réels, je me permets de vous proposer ma candidature en tant que … En effet, je cherche actuellement un poste qui serait susceptible de développer mes capacités.

Motivé(e) par le dynamisme qu'offre le travail en équipe et attiré(e) par la réputation de votre entreprise, je souhaiterais vivement faire partie de vos collaborateurs au cours d'un stage que je dois réaliser durant les mois de …

Situation de communication : refuser

Un délai de paiement

Nous avons le regret de vous informer que nous ne pouvons donner une suite favorable à votre demande en raison de nos propres engagements.

À notre vif regret, nous ne sommes pas en mesure de
→ vous faire bénéficier du délai demandé.
vous consentir un délai supplémentaire de paiement.

Une candidature

Faisant suite à notre entretien du …, nous regrettons de vous informer que votre candidature n'a pu être retenue.

Nous avons le regret de vous informer que votre candidature n'a pu être retenue malgré l'intérêt qu'elle présente.

Nous regrettons de ne pouvoir prendre en considération votre candidature.

Le refus de mettre en place le télétravail

Nous avons de regret de vous informer que compte tenu des besoins de l'entreprise, nous ne pouvons accepter que votre poste soit en télétravail.

Malgré notre vif désir de mettre en place le télétravail, nous ne pouvons y recourir pour les postes liés à votre service.

⚠ « *Suite à* » est considéré par l'Académie française comme une incorrection. L'expression correcte est « *À la suite de* » qui s'est transformé dans l'usage en « *Suite à* ».

Dans les e-mails, l'expression « *Suite à* » fait partie des usages. Elle correspond au style d'écriture qu'impose la rédaction des e-mails.

« Nous accusons réception » , « j'accuse réception » sont des expressions traditionnelles désuètes qui sont remplacées aujourd'hui par « Nous avons bien reçu », « j'ai bien reçu ».

5 Le développement

Le développement constitue le corps de l'e-mail et traite la raison de l'envoi de l'e-mail. Il permet de développer une idée en l'expliquant et en la justifiant si nécessaire, de fournir une information, de communiquer une décision…

LES 4 SITUATIONS DE COMMUNICATION DU DÉVELOPPEMENT

① **Demander**	Vous serait-il possible de nous accorder un délai de paiement ?
② **Expliquer**	En effet, nous avons subi une inondation qui ne nous permet pas de vous envoyer votre commande.
③ **Justifier**	Nous ne pouvons pas respecter les délais parce que notre local est inondé.
④ **Proposer**	Nous vous proposons une remise de …

Situation de communication : demander

La modification d'une commande

Vous serait-il possible

→ d'apporter
d'effectuer

→ des modifications à notre commande ?

Nous vous serions obligés
Nous vous serions reconnaissants
Nous vous demandons
Nous vous saurions gré
Nous vous prions

→ de nous expédier … articles
de nous envoyer … articles
de nous livrer … articles
de nous adresser … articles
de nous faire parvenir … articles

→ au lieu de …
à la place de …
à défaut de …

L'annulation d'une commande

Nous sommes contraints
Nous nous trouvons dans la nécessité
Nous nous voyons dans l'obligation

→ d'annuler partiellement notre commande
d'annuler notre commande

→ en raison de …
à cause de …

Des conditions privilégiées

Nous aimerions savoir

→ s'il vous est possible
s'il vous serait possible

→ de nous accorder
de nous faire bénéficier d'
de nous consentir

→ une réduction de … %.
un paiement par traite à … jours au lieu de …

Le remplacement d'articles défectueux

Nous vous demandons de remplacer

→ les articles défectueux
les articles non conformes

→ que nous tenons à votre disposition.

Un congé de formation

Je sollicite un congé formation

→ en vue de participer à une session de formation pour les élus du comité d'entreprise.
en vue de participer à une session de formation pour les représentants du personnel au CHSCT.

Je vous demande l'autorisation de m'absenter du … au … et du … au …,

→ pour suivre un stage de formation des membres du CSE-SSCT, d'une durée de 5 jours, conformément à l'article L. 2315-18 du Code du travail.

Situation de communication : expliquer

Une livraison non conforme

Nous sommes au regret de vous informer que,
Nous regrettons de vous informer que,

→ lors du contrôle,
lors du déballage,
lors de la vérification,

→ nous avons constaté
nous avons remarqué

→ que les articles sont endommagés.
que les articles présentent des défauts de fabrication.
que la livraison n'est pas conforme à la commande.

Les conséquences d'un retard de livraison

Nous tenons à vous informer que ce retard
Nous vous signalons que ce retard

→ nous cause un important préjudice
nous oblige à ralentir le rythme de nos ventes

→ et nous empêche de respecter nos propres engagements.

L'absence de responsabilité

Nous tenons à vous informer que ce retard
Nous vous signalons que ce retard

→ nous cause un important préjudice
nous oblige à ralentir le rythme de nos ventes

→ et nous empêche de respecter nos propres engagements.

Situation de communication : refuser

Malheureusement,
À notre vif regret,

→ les articles que vous demandez nous font défaut en ce moment.
les articles que vous demandez ne sont pas disponibles.
nous n'avons pas en stock l'article que vous avez choisi.
le modèle dont vous avez besoin est épuisé.

Il ne nous est pas possible,
Il nous est impossible,
Nous ne serons pas en mesure,

→ en raison d'une panne survenue la semaine dernière,
pour des raisons indépendantes de notre volonté,
en raison d'intempéries,
en raison d'un sinistre,
en raison de grèves,

→ de procéder à l'expédition avant le …
de livrer cet article (ces articles) à la date fixée.
de vous l'(les) envoyer à la date demandée, mais dans … jours.
de vous livrer la marchandise dans les délais impartis.

Situation de communication : proposer

Des solutions

Nous sommes disposés à vous faire bénéficier d'un rabais de … % sur le montant de la facture à payer.

Nous vous proposons de conserver les articles non conformes contre un rabais de … %.

Pour compenser le dommage dû à (au) …, nous vous accordons un rabais de … %.

Une démarche de négociation

Nous vous conseillons de (d')
Nous nous permettons de vous conseiller de (d')
Il conviendrait de (d')
Permettez-nous de vous conseiller de (d')
Nous vous suggérons de (d')
Nous vous proposons de (d')

→ formuler sans tarder des réserves auprès du transporteur.
expliquer les circonstances dans un e-mail de réclamation au transporteur.

⚠ N'oubliez pas d'insérer les mots de liaison. Voir fiche 9, page 39.

6 La conclusion

La conclusion est souvent une répétition synthétique des idées énoncées dans le développement. Sa raison d'être est de mettre en valeur la relation qui existe entre le destinataire et l'émetteur.

Je me tiens à votre disposition pour tous renseignements qu'il vous plairait de me demander.

Les 8 situations de communication de la conclusion

① **Demander**	Nous vous demandons de respecter les délais de livraison.
② **Rappeler**	Nous vous rappelons que nous souhaitons une livraison rapide.
③ **Espérer**	Nous espérons que vous ne nous tiendrez pas rigueur de ce contretemps.
④ **Accepter**	Nous acceptons votre proposition et nous vous en remercions.
⑤ **Se tenir à la disposition**	Nous nous tenons à votre disposition pour tout entretien.
⑥ **S'excuser**	Nous vous prions de nous excuser de ce contretemps.
⑦ **Menacer**	Dans le cas contraire, nous transférerons votre dossier au service contentieux.
⑧ **Remercier**	Nous vous remercions de l'intérêt que vous portez à notre demande.

Situation de communication : demander

Une réponse, un envoi, une confirmation

Nous vous serions obligés de nous envoyer
Nous vous serions reconnaissants de nous adresser
→ votre réponse, votre confirmation
votre accord, votre approbation
→ dans les plus brefs délais.
le plus tôt possible.
dès que possible.

Nous vous serions obligés de nous accorder
Nous vous serions reconnaissants de nous faire bénéficier d'
→ un paiement par traite à … jours.
une livraison dès réception de la commande.

Demander une livraison rapide

En conséquence, nous vous prions de procéder à

→ une livraison immédiate
une livraison rapide de votre part

Situation de communication : rappeler

Un paiement avec insistance

Nous vous serions reconnaissants
Nous vous serions obligés de
Nous vous prions de

→ régler votre dette à la date convenue
solder votre facture dans les plus brefs délais
respecter les engagements pris
nous couvrir de cette somme par un prochain règlement
régulariser cette situation le plus rapidement possible
procéder à ce règlement par virement le plus tôt possible
nous régler ce montant par tout moyen à votre convenance
nous retourner la traite munie de votre acceptation

Vous voudrez bien

→ nous couvrir de cette somme
régulariser votre situation

→ dans les plus brefs délais
le plus tôt possible
dès que possible

Situation de communication : espérer

Une commande, une réponse à une demande d'un client ou d'un salarié

Nous espérons
Nous souhaitons

→ que notre proposition
que notre explication
que nos arguments

→ vous incitera
vous amènera
vous déterminera
vous engagera

→ à nous confier une commande
à nous confier vos ordres
à nous accorder la mise en place du télétravai
à m'accorder cette formatior

Nous espérons

→ enregistrer prochainement une commande de votre par
que notre (nos) proposition(s) retiendra(ont) votre attentior

Une commande supplémentaire

Nous espérons
→ que vous voudrez bien nous confier vos prochaines commandes.
que vous continuerez à nous favoriser de vos ordres.

Une réponse favorable à la suite d'une demande d'un client ou d'un salarié

Nous espérons
→ que vous voudrez bien nous envoyer.
que vous voudrez bien nous faire parvenir.
que vous pourrez nous accorder cette faveur.
qu'il vous sera possible de répondre favorablement à notre demande.
que vous donnerez une suite favorable à notre demande.
que vous examinerez notre demande avec compréhension.

Le maintien de bonnes relations

Nous espérons que ces difficultés ne nuiront pas à nos bonnes relations d'affaires.

Nous espérons que vous comprendrez les raisons de ces difficultés.

Soyez certain(s) que nous ferons tout notre possible pour que de telles difficultés ne se reproduisent plus.

Nous vous assurons qu'à l'avenir, nous veillerons à ce que de telles difficultés ne se reproduisent plus.

Vous pouvez être assuré(s) que nous ferons tous nos efforts pour vous donner satisfaction.

Nous vous assurons qu'un contrôle plus strict supprimera, à l'avenir, tout risque d'erreurs.

Nous espérons que vous comprendrez les raisons de notre refus.

Situation de communication : accepter

Compte tenu de nos bonnes relations d'affaires, nous avons le plaisir de vous informer que nous donnons une suite favorable à votre demande (à titre exceptionnel).

En raison de la régularité de nos relations d'affaires, nous avons le plaisir d'accéder à votre demande (à titre exceptionnel).

Compte tenu du caractère exceptionnel de votre demande, nous avons le plaisir d'y répondre favorablement.

Compte tenu des circonstances exceptionnelles, nous répondons favorablement à votre demande.

Situation de communication : se tenir à la disposition

D'un client ou d'un salarié

Nous nous tenons à votre disposition
Nos techniciens sont à votre entière disposition
Nos collaborateurs sont à votre entière disposition

→ pour tous renseignements complémentaires
pour vous fournir les compléments d'informations

→ qu'il vous plairait de nous demander.
que vous voudrez bien nous demander
que vous souhaiteriez nous demander
que vous jugeriez utile(s) de nous demander

Vous pouvez être assuré(s) de tous nos efforts pour vous donner satisfaction.

Situation de communication : s'excuser

De l'impossibilité de répondre à la demande du client ou d'un salarié

Nous regrettons de ne pouvoir répondre à votre attente.

Nous regrettons donc de ne pouvoir, en cette affaire, accéder à votre demande.

Nous aurions souhaité donner une réponse favorable à votre demande.

Nous vous exprimons encore une fois nos regrets de n'avoir pu, en l'occurrence, vous donner pleine satisfaction.

Nous vous prions de nous excuser de
Nous vous adressons toutes nos excuses pour
Veuillez nous excuser de
Nous vous renouvelons nos excuses pour

→ cette difficulté
ce dysfonctionnement
cette erreur
ce malentendu
ce retard

→ qui est dû (due) à des circonstances indépendantes de notre volonté
tout à fait involontaire
indépendant(e) de notre volonté
tout à fait imprévisible

D'incident de livraison

Nous espérons que vous ne nous tiendrez pas rigueur de

→ ce contretemps
cet incident
ce retard

→ tout à fait imprévisible
indépendant de notre volonté

Nous regrettons
Nous vous prions de nous excuser de
Veuillez nous excuser pour
Nous vous renouvelons nos excuses pour

→ ce contretemps
cet incident
ce retard

→ et souhaitons qu'il n'altère pas nos relations futures.

Situation de communication : menacer

À défaut de recouvrement, de règlement (livraison), nous nous verrons dans l'obligation de transmettre votre dossier à notre service contentieux.

Passé ce délai, nous remettrons votre dossier à notre avocat.

Si cette somme (livraison) ne nous parvient pas sous quarante-huit heures, nous transmettrons votre dossier à notre service contentieux.

Sans réponse dans les huit jours, nous serons contraints de prendre les mesures utiles à la sauvegarde de nos intérêts.

Nous vous prions de prendre toutes les dispositions utiles pour régler cette facture.

Nous espérons que vous ne nous obligerez pas à avoir recours à une telle mesure.

Nous espérons ne pas avoir recours à de telles mesures.

Situation de communication : remercier

Nous vous remercions par avance

→ de votre réponse.
de la promptitude de votre réponse.
de la rapidité de votre réponse.
de votre diligence.
de votre aimable règlement.

Nous vous remercions par avance

→ pour les renseignements
pour le devis
pour la documentation

→ que vous voudrez bien nous envoyer.
que vous voudrez bien nous faire parvenir.

7 LES FORMULES DE POLITESSE

Les formules de politesse traditionnelles se simplifient, notamment dans les e-mails. Elles subissent en effet l'influence des pays anglo-saxons qui utilisent des formules réduites à deux ou trois mots. Aujourd'hui, deux types de formules de politesse coexistent selon la nature de l'e-mail :

E-mail court	E-mail en forme de lettre
▼	▼
Formules de politesse courtes et dynamiques, symboles des temps modernes	Formules de politesse protocolaires, symboles de la tradition

Leur emploi dépend du contexte, des circonstances, des liens professionnels et du style de l'e-mail.

LES FORMULES DE POLITESSE DANS L'E-MAIL

Les formules de politesse dans l'e-mail ne comportent pas de verbe conjugué ni d'appellation. Elles se limitent en général à un ou deux mots :

Liens professionnels	Liens amicaux
Cordialement, *Bien cordialement,* *Très cordialement,* *Respectueusement vôtre,* *Salutations distinguées,* *Avec nos (mes) salutations distinguées,* *Avec tous nos (mes) remerciements,*	*Avec toutes mes amitiés,* *Amicalement,* *Bien à vous,* *Sincèrement vôtre,*

On utilise la virgule étant donné que la formule de prise de congé est suivie de la signature ou du prénom et du nom de l'émetteur souvent associés à sa fonction.
Bien cordialement,

Au cours de la journée, vous pouvez ajouter :

- *Bonne journée,*
- *Bon week-end,*
- *Bonne lecture,*

Les abréviations dans les formules de politesse

Certains adoptent des formules de politesse sous forme d'abréviations (*Cdt* par exemple) : elles sont à proscrire de l'écriture professionnelle. Autant ne pas écrire de formule de politesse.

LES FORMULES DE POLITESSE DANS L'E-MAIL EN FORME DE LETTRE

Elles proviennent d'une tradition très ancienne qui les conforme à des règles d'usage très strictes. Elles varient selon les destinataires qui peuvent être des institutions, des entreprises ou des personnalités diverses. Elles prennent en compte le rang social du destinataire.

Formules de politesse standard		
Je vous prie d'agréer, *Je vous prie de recevoir,* *Veuillez recevoir,* *Veuillez agréer,*	*Madame,* *Monsieur,*	*mes salutations distinguées.* *l'expression de ma considération distinguée.*
Je vous prie d'agréer,	*cher Monsieur,* *cher ami,*	*l'assurance de mes sentiments les meilleurs.*
Formules de politesse déférentes		
Je vous prie d'agréer, *Veuillez agréer,*	*Madame,* *Monsieur,*	*l'expression de mes sentiments distingués.* *l'assurance de ma parfaite considération.* *mes respectueuses salutations.* *mes sentiments respectueux et dévoués.* *l'assurance de mes salutations distinguées.*
Veuillez croire, *Je vous prie de croire,*		*à l'assurance de mes sentiments les meilleurs.* *à l'expression de mes sentiments respectueux.*

- Il est préférable d'utiliser la formule « *Je vous prie* » aux formules « *Recevez* » ou « *Veuillez agréer* ».
- On utilise indifféremment la formule :
  - *Je vous prie de croire, Madame, Monsieur, à l'assurance de ma considération.*
  - *Je vous prie de croire, Madame, Monsieur, en l'assurance de ma considération.*

LES RÈGLES TRADITIONNELLES

Les différentes règles traditionnelles sont les suivantes :
- Un homme exprime ses hommages à une dame.
- Une dame n'exprime pas de « sentiments » à l'égard des « messieurs ». Cette tradition est en train de tomber en désuétude en raison de la parité et du bon sens.

LES ASSOCIATIONS TRADITIONNELLES

Le tableau des associations traditionnelles (verbes, noms et adjectifs se présente comme suit :

Verbes	Noms	Adjectifs
adresser *agréer* *recevoir* +	*salutations* +	*distinguées*
agréer *recevoir* +	*sentiments* +	*sincères* *dévoués* *respectueux*
assurer	*considération* *dévouement* +	*respectueux(se)*

LA FÉMINISATION DES TITRES ET DES FONCTIONS

Les titres et fonctions sont féminisés. Il convient donc d'utiliser l « féminin » officiel. Les noms de métiers, titres, grades et fonction existent au féminin, et ce depuis le Moyen Âge. Il n'y a donc pas d raison d'utiliser le masculin. Le 28 février 2019, l'Académie française enfin accepté la féminisation des titres et fonctions.

LA SIGNATURE DE L'ÉMETTEUR

La signature dans le courrier électronique n'est pas manuscrite. E conséquence, elle ne prouve pas que vous êtes l'auteur de l'e-mail. L preuve de votre identité est garantie par l'en-tête numérique de votre e mail qui comporte le nom de votre messagerie et votre adresse e-mai

Cependant, cette preuve est sujette à caution puisqu'une personn peut envoyer un message pendant votre absence depuis votre ord nateur, si vous avez oublié de l'éteindre. Toutefois, cette signatur suffit dans les cas de correspondance courante.

À quoi sert votre signature électronique ?

- ***elle marque*** une certaine politesse ;
- ***elle confirme*** votre présence ;
- ***elle crée*** un lien de proximité avec votre destinataire.

Elle peut se présenter de deux façons :

votre prénom et nom ;

ou

votre prénom et nom, suivis de votre fonction ou titre :

Robert Menez
Directeur des ventes

Faites-les suivre dans la mesure du possible de votre numéro d téléphone, des coordonnées de votre société, de votre fax…

8 La lisibilité et le style de l'e-mail

Plus une phrase est courte, mieux elle est perçue par son destinataire : 8 à 16 mots suffisent pour une bonne compréhension. De plus, la brièveté d'une phrase réduit considérablement les risques de maladresse.

Les quelques techniques suivantes vous permettront d'alléger votre style et d'obtenir une excellente lisibilité.

ALLÉGER LES PHRASES EN SUPPRIMANT TOUTES LES REDONDANCES OU LOURDEURS

Supprimer la proposition relative pour la remplacer par :

- **un adjectif**

*Cette citerne **qui ne laisse pas passer** l'eau.*

▼

*Cette citerne **étanche**.*

- **un adjectif en apposition**

*Cette entreprise **qui tient** ses engagements.*

▼

*Cette entreprise, **fidèle** à ses engagements.*

- **un nom en apposition**

*Un délégué **qui a une procuration**.*

▼

*Un délégué, **détenteur** d'une procuration.*

Supprimer la subordonnée ou locution conjonctive pour la remplacer par :

- **une locution prépositive**

*Il est venu nous rencontrer **sans que le directeur le sache**.*

▼

*Il est venu nous rencontrer **à l'insu** du directeur.*

- **un verbe à l'infinitif**

*Il propose **qu'on ajourne** la réunion.*

▼

*Il propose **d'ajourner** la réunion.*

- **un adverbe**

*Il vous a reçu **dès qu'il est entré**.*

▼

*Il vous a reçu **immédiatement**.*

■ **un nom**

*Je ne l'ai pas revue **depuis qu'elle s'est mariée**.*

▼

*Je ne l'ai pas revue **depuis son mariage**.*

Supprimer le « participe « présent » pour le remplacer par :

■ **un verbe à la forme personnelle**

*Votre rémunération **ne concernant pas** notre service.*

▼

*Votre rémunération **ne concerne pas** notre service.*

■ **un infinitif**

*Il changea le lieu **ne respectant pas** ses engagements.*

▼

*Il changea le lieu **sans respecter** ses engagements.*

■ **des expressions équivalentes**

*Il interroge les voisins **en faisant son enquête**.*

▼

*Il interroge les voisins **au cours de** son enquête.*

Supprimer « ayant + le participe passé » pour le remplacer par :

■ **un participe passé de sens équivalent**

Ayant perdu courage

▼

Découragé

■ **le complément d'objet en tête de phrase**

Ayant payé sa dette

▼

Sa dette payée

Supprimer « l'adverbe » pour le remplacer par :

■ **un verbe plus précis**

Attaquer continuellement

▼

Harceler

■ **un verbe issu de l'adverbe**

***Il continue obstinément** à vouloir son départ.*

▼

***Il s'obstine** à vouloir son départ.*

■ **un préfixe**

Nous avons ***lu de nouveau***.

▼

*Nous avons **relu**.*

AMÉLIORER LE STYLE DE VOTRE E-MAIL

Éviter de commencer toutes les phrases par les pronoms personnels « Je » ou « Nous »

Placer un adjectif en tête de phrase

***Surpris de ce retard**, **j**'ai (**nous** avons) effectué une réclamation auprès de vos services.*

Placer un nom en tête de phrase

***Précurseur(s)**, **j**'ai (**nous** avons) créé une entreprise pour développer l'emploi des seniors.*

Placer un complément circonstanciel de temps en tête de phrase

***Lors de notre dernier entretien, j**'ai (**nous** avons) évoqué mes compétences informatiques.*

Placer un infinitif en tête de phrase

***Afin de réaliser mes objectifs**, **j**'ai (**nous** avons) dû envoyer un e-mailing.*

Utiliser la phrase impersonnelle

***Il s'est avéré** que ce retard était indépendant de leur volonté.*

Souligner et nuancer une idée ou un argument grâce à l'utilisation des temps

Employer le conditionnel

*Nous **aimerions** recevoir votre catalogue.*

Écrire à la voix passive

*Ce bordereau **a été transmis** à vos services.*

Employer la forme interrogative

***Pouvez-vous** nous faire parvenir ces documents dans les plus brefs délais ?*

Employer la forme interrogative associée au conditionnel

***Pourriez-vous** nous faire parvenir ces documents dans les plus brefs délais ?*

Souligner et nuancer une idée ou un argument grâce à l'utilisation du vocabulaire

Éviter les mots imprécis comme « cela »

La proposition vous est parvenue par LRE[1].

***~~Cela~~ Celle-ci** vous a permis de comprendre que nous attendions une réponse rapide de votre part.*

(1) Lettre recommandée électronique (LRE)

■ Choisir le vocabulaire le mieux adapté à la situation

Votre retard nous porte préjudice.

au lieu de

*Nous sommes **victimes** de votre retard.*

■ Remplacer un nom par un verbe à l'infinitif

***Le profit** peut conduire à notre perte.*

***Profiter** peut conduire à notre perte.*

Souligner et nuancer une idée ou un argument grâce à l'utilisation des outils de style

■ Rappeler le mot essentiel de la phrase précédente

***Proposition** que nous avions évoquée lors de notre conversatio téléphonique. Cette **proposition** vous est parvenue par LRE[1].*

■ Utiliser l'incidente, outil de la nuance qui met en exergue le lien entre le rédacteur et son destinataire

L'incidente est une proposition, généralement courte, intercalé dans une phrase, sans aucun lien grammatical avec cette phrase. So rôle est d'ajouter une remarque, un commentaire à l'attention du des tinataire. Elle joue le rôle d'une parenthèse.

*Ce retard de paiement, **nous en sommes certains**, est dû à un oub de votre part.*

Incidente de souhait	
, nous le souhaitons, , nous l'espérons,	, comme nous le souhaitons, , comme nous l'espérons,
Incidente de regret	
, nous le regrettons, , nous en sommes très surpris,	, nous le déplorons, , à notre grand regret,
Incidente de constat	
, comme vous le constaterez, , comme vous le comprendrez, , comme vous le savez,	, comme vous le remarquerez, , comme vous le verrez, , vous en conviendrez,
Incidente d'affirmation	
, nous en sommes certains, , nous en sommes sûrs,	, nous en sommes persuadés, , nous en sommes convaincus,

9 LES MOTS DE LIAISON

La pensée et les informations ne peuvent s'articuler sans les mots de liaison. Leur mauvais emploi ou leur suppression peuvent conduire à des contresens.

Les rédacteurs des e-mails sont soumis à la double contrainte de l'immédiateté et de la concision. Ils ont donc tendance à supprimer les mots de liaison. Or, la lisibilité des textes est étroitement liée aux mots de liaison. Ces derniers facilitent la lecture car ils sont porteurs :

- de sens,
- d'une démarche logique,
- du raisonnement du rédacteur.

Comment appliquer les règles d'usage ?

- ***Les conjonctions de coordination*** (*mais, ou, et, donc, or, ni, car*) ne débutent jamais une phrase ou un paragraphe. Elles ne sont utilisées que pour relier deux propositions.

  Nous avons fait une réclamation ***mais*** *il est peu probable que nous ayons une réponse rapide.*
- ***La conjonction de coordination*** *or* marque une progression dans le raisonnement. De ce fait, elle se situe parfois au début d'une phrase ou d'un paragraphe suivie d'une virgule.

  Vous nous avez accordé une remise. ***Or****, vous n'en avez pas tenu compte dans la facture.*
- ***Un mot de liaison***, placé en tête de phrase, est toujours suivi d'une virgule.

  En effet, il vous proposera de venir le rencontrer.

SUPPRIMER LES PLÉONASMES LIÉS AUX MOTS DE LIAISON

Le pléonasme est la répétition inutile de mots différents mais de sens proche.

Très souvent utilisé à l'oral pour souligner la pensée, il n'ajoute cependant rien à la force de l'expression. Il est donc superflu et doit être supprimé.

puis ensuite	***Choisissez***	*puis* **ou** *ensuite*
car en effet		*car* **ou** *en effet*
mais cependant		*mais* **ou** *cependant*
mais toutefois		*mais* **ou** *toutefois*
mais pourtant		*mais* **ou** *pourtant*
voire même		*voire* **ou** *même*

LES MOTS DE LIAISON POUR INTRODUIRE UNE EXPLICATION, UNE INFORMATION, UNE DEMANDE

• Hiérarchiser les idées	*en premier lieu* *en second lieu* *en dernier lieu* *premièrement* *deuxièmement* *d'une part … d'autre part* *enfin*
• Préciser ou éclairer un argument, **• Souligner une idée,** **• Attirer l'attention sur un fait, un exemple**	*ainsi* *notamment* *par exemple* *en particulier* *quant à* *à propos de* *au sujet de* *en ce qui concerne* *à ce propos (à propos)* *à cet égard*
• Ajouter un argument, un fait ou un exemple	*également* *d'ailleurs* *de plus* *de surcroît* *en outre* *ensuite* *en second lieu* *mais encore* *par ailleurs* *quant à* *surtout* *en fait* *en réalité*
• Étayer une idée à l'aide d'un texte, d'une loi, d'un fait…	*conformément à* *selon* *suivant* *ainsi que*
• Opposer deux faits, deux idées ou deux arguments afin de mettre en valeur l'un d'entre eux	*à l'opposé* *à l'inverse* *au contraire* *mais en réalité*
• Établir un rapprochement entre deux idées	*ainsi* *c'est-à-dire* *en effet* *comme*
• Exprimer des restrictions	*excepté* *sauf* *mis à part* *hormis*

LES MOTS DE LIAISON POUR INTRODUIRE UNE ARGUMENTATION

• Apporter des informations pour expliciter ou préciser ses arguments • Exposer l'origine, la raison d'un fait	*car* *en effet* *parce que* *puisque* *comme*
• Présenter le but d'une argumentation	*c'est pourquoi* *dans ce but* *afin de* *en vue de*
• Énoncer le résultat d'un fait ou d'une idée	*ainsi* *aussi* *c'est pourquoi* *dès lors* *donc* *en conséquence* *par conséquent*
• Limiter la portée des idées, propos ou des arguments avancés • Émettre des réserves	*mais* *or* *toutefois* *pourtant* *cependant* *néanmoins* *d'ailleurs*
• Accepter des faits opposés à son opinion tout en maintenant son opinion	*bien sûr … mais* *certes … mais*
• Émettre des hypothèses	*dans l'hypothèse* *en cas de* *moyennant* *supposant*
• Proposer un choix, une alternative	*ou au contraire* *ou, ou … ou* *tantôt … tantôt* *soit … soit*

LES MOTS DE LIAISON POUR INTRODUIRE UNE CONCLUSION

• Conclure une argumentation, une démonstration	ainsi en conclusion en dernier lieu en définitive enfin finalement en somme

10 La ponctuation

Les signes de ponctuation servent à marquer la progression des faits des idées, des arguments. La maîtrise des règles de ponctuatio permet de faciliter la lecture de vos e-mails.

Le point est suivi d'une majuscule

Le point marque la fin d'une phrase déclarative.

Associé à la phrase courte, il est par excellence le signe de ponc tuation qui permet la lisibilité des e-mails.

La virgule est suivie d'une minuscule

La virgule

– ***sépare les termes*** d'une énumération. Dans les e-mails l'énumération se présente sous forme de liste. À la fin d chaque alinéa de l'énumération, on place une virgule et à la fi de l'énumération, on met un point.
  Vous me livrerez :
  - *10 chemises référence 212,*
  - *15 chemises référence 213,*
  - *14 pantalons référence 789.*

– ***suit le complément circonstanciel*** mis en tête de phrase.
  Afin de vous présenter ce projet , nous organiserons une ré- nion.

– ***suit l'appellation***.
  Messieurs , Madame , Chère Madame , Cher Monsieur ,

– ***encadre l'appellation*** dans la formule de politesse.
  , Monsieur ,
  , Monsieur le directeur ,

– ***suit un mot de liaison*** placé en tête de phrase, soulignant ain son importance dans l'enchaînement des idées.
  En effet , il viendra vous rencontrer lors du salon.

– ***met en valeur une idée***.
  Ce retard , nous en sommes certains , est indépendant de votre v lonté.
  Dans cette phrase, l'incidente mise entre virgules, permet d souligner le lien de confiance qui existe entre le client et sc fournisseur ; elle est donc porteuse de sens.

La virgule et la conjonction de coordination « et »

– ***deux propositions reliées par « et »*** : il n'y a pas de virgule.
  Vous serez chargé d'accueillir les clients et de contrôler les entrée

- ***deux propositions juxtaposées et une proposition introduite par « et »*** : une virgule au début de la proposition introduite par « *et* ».
Vous serez chargé d'accueillir les clients, de contrôler les entrées [,] ***et*** *de remettre des badges.*
- ***« et, » suivi d'une incidente*** : une virgule au début et à la fin de l'incidente.
Vous serez chargé d'accueillir les clients et [,] *selon les consignes données* [,] *vous contrôlerez les entrées.*
- ***« , et, » introduit une proposition précédée d'une incidente*** : deux propositions juxtaposées et une proposition introduite par « *et* » avec une incidente qui s'intercale.

  Vous serez chargé d'accueillir les clients [,] *vous contrôlerez les entrées* [,] *et* [,] *ce point est primordial, vous remettrez des badges.*

Il faut mettre :
- une virgule au début de la proposition introduite par « *et* » ;
- une virgule au début de l'incidente.

LE POINT VIRGULE EST SUIVI D'UNE MINUSCULE

Après un point virgule, il n'est pas indispensable de mettre un verbe conjugué. Le point virgule, de même valeur que la virgule, marque une pause plus importante :
- ***il sépare deux idées***, deux faits et marque la fin d'une proposition.
Le rédacteur en chef se consacre à la rédaction ; le directeur commercial recherche des investisseurs ;
- ***il ponctue les alinéas*** d'une énumération (on peut utiliser indifféremment la virgule ou le point virgule).
La vitamine C joue plusieurs rôles dans l'organisme :
  - *elle intervient dans le métabolisme énergétique ;*
  - *elle conditionne l'absorption du fer ;*
  - *elle participe également à la lutte contre les infections.*

LES DEUX POINTS SONT SUIVIS D'UNE MINUSCULE

Les deux points :
- ***introduisent une explication***, une énumération, une conclusion.
Les principaux journaux sont concernés par cette rumeur : les journaux internationaux comme les journaux nationaux.
- ***introduisent la justification*** de la première partie de la phrase.
Le doublage va augmenter les frais des films : les publics étrangers veulent entendre le film dans leur langue.
- ***marquent une relation logique*** comme la cause ou la conséquence.
Il est parti : vous ne pourrez pas lui expliquer votre difficulté.
- ***remplacent les mots de liaison*** : en effet, car, parce que, donc, en conséquence…
Il est parti : il avait un autre rendez-vous.

LE POINT D'INTERROGATION EST SUIVI D'UNE MAJUSCULE

Le point d'interrogation *est très utilisé dans les e-mails* :

- *il s'emploie* après une phrase exprimant une interrogation directe
  Pourriez-vous transférer ce document ?
- *il permet* au rédacteur d'un e-mail professionnel de s'exprime
  dans un style plus direct.
  Pourriez-vous me faire parvenir un duplicata de la facture n° 128

LES POINTS DE SUSPENSION SONT SUIVIS D'UNE MAJUSCULE

Les points de suspension soulignent des sentiments sous-entendus À la fin d'une phrase ou d'un segment de phrase, ils indiquent que l phrase est inachevée.

Dans les e-mails, il est préférable d'utiliser *etc.* à la place des point de suspension.

Ne mettez jamais de points de suspension mais un point après etc.

Dans une énumération etc. est toujours précédé d'une virgule.

Vous trouverez ci-joint un devis, un bon de commande, etc.

De nombreux rédacteurs varient le nombre de points de suspension : soit deux, soit trois, soit cinq. Or, la règle grammaticale fixe le nombre de points de suspension à trois (…).

Aussi, il ne faut pas mettre de point après les «…» en fin de phrase.

LE POINT D'EXCLAMATION EST SUIVI D'UNE MAJUSCULE

Le point d'exclamation n'est pas utilisé dans les écrits professionnel car il appartient au registre familier, à la langue des sentiments.

Il exprime notamment l'étonnement, la colère, la joie…

LES PARENTHÈSES, LES TIRETS ET LES GUILLEMENTS SONT SUIVIS D'UNE MINUSCULE

Les parenthèses, les tirets et les guillemets :

- ***isolent une expression***.
  Le chèque (n° 417) vous a été adressé aujourd'hui.
- ***introduisent une information***, une précision ou un commentaire
  Vous nous avez affirmé que nous recevrions le produit « dans le huit jours ».
- ***encadrent une citation, un mot ou un groupe de mots***.
  Je vous confirmerai – après lecture du contrat – la date d'env de la commande.

N'oubliez pas de refermer les parenthèses et les guillemets.

11 LES MOTS QUI PRÊTENT À CONFUSION DANS L'E-MAIL

Certains mots courants possèdent plusieurs significations. Pour éviter des malentendus avec vos correspondants, il est souhaitable de les maîtriser pour les utiliser à bon escient selon le contexte. Les mots que nous avons choisis dans les tableaux ci-dessous vous aideront à mieux nuancer le sens et le ton de vos e-mails.

LES MOTS ESSENTIELS À MAÎTRISER

Accident

accident	• événement imprévu et soudain qui entraîne des dégâts, des dangers (blessure, mort).
avarie	• dommage survenu à un navire ou aux marchandises qu'il transporte. • dommage survenu au cours d'un transport terrestre ou aérien.
dégât	• dommage résultant d'une cause violente.
dégradation	• détérioration volontaire d'édifices ou de monuments publics ou d'objets d'utilité publique. Plus précisément : – *détérioration des marchandises* = avaries ; – *détérioration volontaire* = sabotage ; – *détérioration des conditions de travail* = dégradation, pourrissement.
dommage	• préjudice subi par quelqu'un ou quelque chose.
incident	• petit événement qui survient. • petite difficulté imprévue qui survient au cours d'une action.
préjudice	• perte d'un bien, d'un avantage par le fait d'autrui. • acte ou événement nuisible aux intérêts de quelqu'un et le plus souvent contraire au droit, à la justice.

Aide

aide	• action d'aider. • action d'intervenir en faveur d'une personne en joignant ses efforts aux siens.
appui	• soutien moral ou aide matérielle.
assistance	• action de venir en aide à quelqu'un ; appui, secours donné ou reçu.
collaboration	• travail en commun, action de coopérer avec quelqu'un.
concours	• fait d'aider, de participer à une action, une œuvre.
contribution	• collaboration à une œuvre commune.
coopération	• action de participer à une œuvre.
intervention	• action d'intervenir (par la parole ou par l'action) dans l'intention d'influencer.
participation	• action de participer à quelque chose.
soutien	• action ou moyen de soutenir (dans l'ordre financier, politique, militaire, moral, spirituel, social).

Ajournement

ajournement	• renvoi à une date ultérieure ou indéterminée. • fait de remettre à plus tard des décisions, d'atermoyer.
atermoiement	• délai accordé à un débiteur pour l'exécution de ses engagements. • action de différer, de remettre à un autre temps.
contretemps	• événement, circonstance imprévue qui s'oppose à ce qu l'on avait projeté.
retard	• fait d'arriver trop tard, de se manifester, de se produir après le moment fixé, attendu. • fait d'agir trop tard, de n'avoir pas encore fait ce qu'o aurait dû faire. • action de retarder, de remettre à plus tard.
délai	• temps accordé pour faire quelque chose. • prolongation de temps accordée pour faire quelque chos • délai de carence, durant lequel un salarié en arrêt de trava ne perçoit pas les indemnités de la Sécurité sociale.

Anomalie

anomalie	• caractère anormal de quelque chose ou d'un compo tement, bizarrerie, irrégularité, singularité.
difficulté	• caractère de ce qui est difficile ; ce qui rend quelqu chose difficile.
dysfonctionnement	• difficulté, trouble (dans un fonctionnement). On l'écrit aussi disfonctionnement.
erreur	• action regrettable, maladroite, déraisonnable. • contresens, non-sens. • chose fausse, erronée, action non prévue par rappo à une norme.
inadvertance	• faute commise par inattention ou étourderie.
maladresse	• manque d'habileté, de savoir-faire, de tact.
malentendu	• divergence d'interprétation entre personnes qu croyaient se comprendre.
méprise	• erreur d'une personne qui se trompe.
quiproquo	• méprise qui fait qu'on prend une personne ou un chose pour une autre.

Compensation

compensation	• avantage qui compense un désavantage.
contrepartie	• prestation qui compense une perte ou un tort.
dédommagement	• réparation d'un dommage.

Conséquence

conséquence	• suite qu'une action, un fait entraîne. • ce qui découle d'un principe.
corollaire	• conséquence, suite naturelle.
effet	• ce qui est produit par une cause.
incidence	• ce qui arrive, survient ; circonstance, incident. • conséquence, effet, influence.
répercussion	• effet indirect ou effet en retour.
retombées	• conséquences, répercussions ; effets secondaires.

Demande

demande	• action de demander, de faire connaître à quelqu'un ce qu'on désire obtenir de lui. Plus précisément : – *une demande impérative* : commandement, exigence, injonction, ordre, sommation ; – *une demande faite avec insistance* : réclamation, revendication ; – *une demande d'emploi* : candidature.
requête	• Demande instante, verbale ou écrite.

Désaccord

désaccord	• manque d'accord, de concordance, d'harmonie entre des choses ; • manque d'entente entre des personnes ; différend.
divergence	• différence, désaccord entre les opinions, les intérêts des personnes, des groupes ; • conflit qui entraine une rupture d'échanges ou de liens pour une raison légitime ou infondée.
plainte	• action de réclamer, de s'adresser à une autorité pour faire reconnaître l'existence d'un droit.
réclamation	• action de protester, de revendiquer, de s'adresser à une autorité pour faire reconnaître l'existence d'un droit.
revendication	• action de réclamer ce que l'on considère comme un droit, comme un dû.

Important

important(ante)	• qui importe ; qui a beaucoup d'intérêt, de grandes conséquences. • ce qui importe. • qui est grand ; dont la mesure est grande. • qui a de l'importance par sa situation. ***Synonymes :*** – considérable, grand, majeur, capital, crucial, essentiel, vital ; – intéressant, grave, sérieux ; – clé, principal, essentiel.

ÉVITER LES FAUTES DE VOCABULAIRE

Emploi des prépositions inutile (verbes transitifs, verbes qui ne possèdent pas de complément d'objet direct)

Ne pas écrire : *Il a pallié ~~à~~ la difficulté.*
Mais : *Il a pallié la difficulté.*

} *pallier* est un verbe transitif direct

Emploi du verbe être à la place du mot savoir

Ne pas écrire : *Je vous ~~serais~~ gré.*

Mais : *Je vous saurais gré.*

Emploi à mauvais escient de soi-disant

N'écrivez pas : le soi-disant problème,

Écrivez : le prétendu problème.

Soi-disant ne s'emploie que pour les êtres vivants qui peuver porter un jugement sur eux-mêmes :

Le soi-disant journaliste.

CHOISIR LE MOT JUSTE !

Savoir	Connaître
• est utilisé pour des faits, des choses connues par cœur ou des capacités, des informations reçues. *Je sais ma leçon* = *Je l'ai apprise par cœur*	• est utilisé pour les gens et les lieux e représente une connaissance person nelle ou familière. *Je connais mes collaborateurs.* *Je connais Tokyo.*
• peut être suivi d'un infinitif. Dans ce cas, il indique le savoir, comment faire quelque chose. *Je sais chanter.*	• n'est jamais suivi d'un verbe. *Je connais la chanson.*
Voici	**Voilà**
se rapporte à des choses, des événements proches ou à ce qui va être dit ou dont il va être question. ***Voici** les premiers dessins qu'il a réalisés pour notre projet.*	se rapporte à des choses, à des événements éloignés ou présente les choses dont il vient d'être question. ***Voilà** les dernières informations de l'AFP.*
Ceci	**Cela**
désigne la chose la plus proche. ***Ceci** mis à part, nous pouvons commencer à regarder le film.*	désigne la chose la plus éloignée. *N'évoquez pas **cela** lors de votre réu nion.*
Celui-ci	**Celui-là**
désigne le nom le plus proche. *De ces deux livres **celui-ci** est le plus intéressant.*	désigne le nom le plus éloigné. *De ces deux livres celui-ci est plus inté ressant, **celui-là** est le plus amusant.*
Pire	**Pis**
est le comparatif de supériorité de mauvais et le contraire de *meilleur*. *La **pire** des situations vient d'arriver dans ce pays.*	est le comparatif de supériorité de ma et le contraire de *mieux*. *Elles allaient de mal en **pis**.*

Source : le dictionnaire de l'Académie française (9e édition

Cet ouvrage a été achevé d'imprimer dans les ateliers de Leitzaran (Espagne)
Numéro d'impression : 740 – Dépôt légal : Août 2021